Paula B. Spielhof

Halloween
Beste Fest-Ideen

Paula B. Spielhof

Halloween

Beste Fest-Ideen

Die besten Ideen, Tipps und Tricks
für die Nacht der Geister

Illustriert von
Markus Olivieri & Kristine Gelderblom

BAUMHAUS
VERLAG

Paula B. Spielhof lebt als Autorin in der Nähe von Frankfurt am Main. Am Fuße der dunklen dichten Wälder des Taunus beheimatet, fällt ihr der Kontakt zu den dort lebenden guten Geistern und wohlmeinenden Gespenstern besonders leicht. Mit deren Kooperation könnte auch das vorliegende Buch entstanden sein. Sicher jedoch waren ihre Vorliebe und Erfahrung mit dem Feiern von großen Festen bei kleinem Budget Quelle der Inspiration. Halloween – Beste Fest-Ideen ist ihr viertes Buch in der Reihe Baumhaus-Family.

Markus Olivieri und Kristine Gelderblom wohnen und arbeiten im südlichen Teil des Schwarzwalds, dem Hotzenwald. Unter dem Logo „® eine ARTfirma Olivieri & Gelderblom" sind sie in den Bereichen Konzeption, Beratung und Realisation im Buchdesign, Merchandising und Produktdesign tätig. Daneben beschäftigen sie sich als Illustratoren und Bildhauer mit den im Hotzenwald ansässigen Sagengestalten. Einigen von ihnen setzten sie in Herrischried/Großherrischwand ein Denkmal.

ISBN 3-909480-91-8

Lektorat: Amira Sarkiss
Printed in Germany

Gesamtverzeichnis schickt gern:
Baumhaus Medien AG, Seelenberger Str. 4
D-60489 Frankfurt am Main

5 4 3 2 1 00 01 02 03 04

Inhalt:

Vorwort 11
Von Geistern, Hexen und Knochenmännern 11
Zum Gebrauch des Buches 11
Damit die besten Wünsche wirken: keine S. 13 13

Monstermänner und Hexenweiber

Kostüme für alle - von klein bis groß

Vornehme Leichenblässe 15
Mister Fledermausie 16
Der Graf von Dra und zu Cula 17
Kleider für das „niedere Volk“: 18
Das einfache Gespenst 18
Klappergestalten im Anmarsch 20

Die Wiederkehr des großen Kürbis

Dekorationen für drinnen und draußen

Einladungskarte „Batman“ 22
Einladungskarte „Kürbisgesicht“ 23
Jack O’Lantern – Die Kürbisleuchte 24
Eine gespenstische Girlande 26
Der Geisterhimmel 27
Spinnen und Netze 29
Tischdekoration „Grün-bunter Kürbis“ 30
Die Fenster des Spukschlosses 31

Aus Teufels Küche - Halloween Fun Food

Essen und Trinken rund um den Kürbis

Überraschungsbrot 34
Höllisch scharfe Kürbissuppe 36
Colcannon – amerikanische Halloween-Suppe 38
Kürbis-Avocado-Salat 39
Jack’s Pumpkin Pancakes 41
Kürbis-Chips 42
Draculas Zitterpudding 43

Blut-Pudding 45
Die eiskalte Hand des Grauens 46
Hexenbräu 47

Bis die Knochen klappern

Ideen für Spiele und Aktionen – vom hellen Tag bis in die schaurige Nacht

„Trick or Treat“ 49
Der Kopflose 52
Die Monstermaler 53
Mitten ins Gesicht 54
Die wandernde Orange 55
Süße Henkersmahlzeit 56
Oma Dracula sucht ihr Gebiss 57
Von denen, die auszogen, das Fürchten zu lernen 59
Das Erbe des Duke of Ketchup 61
Der schlaflose Jack 62
Der Club der Mutigen und Unerschrockenen 63
Der Geschichtenhut 64
Die Weissagungen des Samhain –
Das Orakel für die ganze Familie 66

Vorwort

Von Geistern, Hexen und Knochenmännern

Die Nacht vom 31. Oktober auf den 1. November gehört seit mehr als 2500 Jahren den Geistern, Hexen und Knochenmännern.
Der Begriff „Halloween" bezeichnete erst sehr viel später, in christlicher Zeit, dieses legendenreiche Fest. Er leitet sich ab von „All Hallows Eve", dem Vorabend des „All Hallows Day", bei uns heute Allerheiligen genannt.
In seinem Ursprung war dieser Tag und die darauf folgende Nacht „Samhain" gewidmet, dem keltischen Totengott. Außerdem feierte man am 1. November das keltische Neujahrsfest. Die Zeremonien sollten – ähnlich wie noch heute – das Böse aus dem alten Jahr vertreiben und das Gute ins neue Jahr einladen.
Dieser uralte Festtag mit all seinen Bräuchen feiert in den letzten Jahren auch bei uns seine „Auferstehung". Im wahrsten Sinne des Wortes. Denn glaubt man den Geschichten rund um die dunkelste aller Nächte, dann machen sich an diesem Tag die Verstorbenen auf die Suche nach einem geeigneten Körper eines Lebenden, um ihr bereits vergangenes Dasein auf der Erde weiterzuführen.
Nach der Überlieferung waren die Lebenden natürlich auf diese Attacke vorbereitet. Um die Toten abzuschrecken, ließen sie zunächst das wärmende Feuer ihres heimischen Herdes ausgehen, denn ihre Häuser sollten auf keinen Fall einladend aussehen, sondern kalt, ungemütlich und abschreckend auf die Geister wirken.

Danach kleideten sich die Menschen in furchterregende Gewänder und polterten laut durch den Ort. Damit sollten die Geister davon überzeugt werden, dass eine Wiederkehr ins Irdische keinen Spaß verheißen würde.
Ob man nun den alten Geschichten Glauben schenken möchte oder nicht: Der Tag und die Nacht vom 31. Oktober auf den 1. November schenken uns auch in heutiger Zeit die wundervolle Gelegenheit für ein rauschendes, polterndes und sinneslustiges Fest mit unseren Lieben.
Lassen Sie uns deshalb nach alter keltischer Art einen Segen aussprechen:

Mögen Sie die bösen Geister in die Flucht schlagen und die guten einladen, ihr neues Zuhause bei Ihnen zu finden.

Wir wünschen Ihnen auf jeden Fall viel Spaß und Vergnügen im Kreise Ihrer Familie und Freunde und ein fröhlich-schauriges Fest!

Wir würden es niemals wagen, in einem Buch zu diesem Thema die Seite 13 zu bedrucken. Sie steht daher zu Ihrer individuellen Verfügung. Auf dieser Seite können Sie alle schlechten Erinnerungen an das vergangene Jahr auf Papier bannen, sie herausreißen und feierlich dem Feuer übergeben. Denn wenn man den alten Kulturen und ihren Gebräuchen glaubt, so verwandelt das Feuer die ihm übergebenen Dinge in ihr Gegenteil. Mögen sich also Ihre schlechten Erinnerungen in gute Aussichten verwandeln.

Monstermänner und Hexenweiber

Kostüme für alle - von klein bis groß

Um Geister, Feen, Hexen und andere Unwesen vom Unheilstiften fernzuhalten, muss man sich in ebenso unheimliche Gestalten verwandeln, um von den echten Dämonen und Gespenstern unerkannt zu bleiben.

Vornehme Leichenblässe

Am wirkungsvollsten, um möglichst gespenstisch auszusehen, ist es, einen bleichen und abgemagerten Eindruck zu hinterlassen. Die einfachste und billigste Art und Weise, diesen Eindruck zu erzielen, ist das Schminken mit weißer Clownsfarbe und schwarzem Kajalstift.

Das Gesicht mit einer Fettcreme einreiben und warten, bis sie eingezogen ist. Danach mit einem leicht angefeuchteten Schminkschwämmchen die weiße Clownsschminke flächendeckend auftragen. Augen und Lippen dabei aussparen. Die Augen- und Mundpartie mit schwarzem Kajalstift düster ausmalen. Wem das noch nicht gruselig genug ist, der kann sich mit einem roten oder braunen Lippenkonturenstift einige Blutstropfen ins Gesicht malen.

Auch dicke Warzen aus Knete, aufgeklebt mit Mastix (ein hautverträglicher Klebstoff), tragen zum Erschauern bei, ebenso wie ein zufällig eingefangenes Spinnennetz auf der Wange.

Mister Fledermausie

Er ist der Herrscher über alle Fledermaus-Arten, die sich den dunklen Mächten verschrieben haben. Seine Untertanen verlassen nur in der Nacht ihr Versteck, um sich zu stärken und Futter für sich und ihre Familien zu suchen.

Um sich unbemerkt unter diese dunklen Wesen zu mischen, sollte man sich entsprechend kleiden. Dafür genügt ein großes, schwarzes Tuch mit einem kopf-großen Loch in der Mitte. Schwarze Unterkleider (Leggings, Strumpfhosen, Stiefel) machen das „fledermausige“ Outfit perfekt.

Besondere Sorgfalt sollte auf die Gestaltung der Gesichtsmaske ver-wendet werden:
Nach Auftragen einer Feuchtigkeits- oder Fettcreme mit einem leicht ange-feuchteten Schwämmchen, weiße und hellblaue Farbe wolkig auf dem Gesicht verteilen.
Dann die Fledermaus-Kontur entsprechend der Zeichnung auftragen und den Korpus schwarz ausmalen.
Mit Glitzerfarbe die Außenseiten der Flügel und die Augen ver-stärken.

Der Graf von Dra und zu Cula

Er ist ein vornehmer Herr, wie sein Name schon andeutet. Standesgemäß trägt er einen Zylinder[1]. Ein schwarz-seidener Umhang betont seinen gesellschaftlichen Rang[2].
Sein Gesicht ist von unheilsverheißender Blässe, seine Mundwinkel können als leicht hängend bezeichnet werden.
Seine betont dicken Augenbrauen und hervorstehenden Wangenknochen weisen auf einen anhaltenden Hunger hin.[3]
Merkwürdig wirken die langen Eckzähne, die vor allem bei seinem Lächeln deutlich sichtbar hervortreten.[4]
Leicht geröteten Ränder unter den Augen lassen darauf schließen, dass der Graf bereits zu speisen geruht hat.
Vampir sei Dank! Somit keine akute Gefahr für die anwesenden Lebenden.

[1] aus dicker schwarzer Pappe leicht selbst herzustellen

[2] auf dünnem, schwarzem Stoff einen Kreis zeichen, ausschneiden und noch eine Öffnung für den Kopf freimachen.

[3] mit weißer Clownsschminke und schwarzem Schminkstift.

[4] Vampirzähne in Kaufhäusern, Einzelhandel oder im Vampirgroßhandel erhältlich.

Kleider für das „niedere Volk": Das einfache Gespenst

Basis für das einfachste aller Halloween-Kostüme ist ein einfaches weißes Bettlaken.
Über den Kopf geworfen, mit Schlitzen für Augen und Mund versehen, steht dem gespenstischen Aussehen nichts mehr im Wege. Es sei denn, die Markenjeans und Turnschuhe im neuesten Look lugen unter dem dämonischen Gewand hervor. Dies ist natürlich unbedingt zu vermeiden. Eine lange Kette oder große, schwere Eisenschlüssel vervollständigen das Gespensterkostüm.
Trägt das Gespenst dann noch weiße Handschuhe, steht seinem glaubhaften Auftreten nichts mehr im Wege.

Klappergestalten im Anmarsch

Wie man sich denken kann, gibt es im Schattenreich der Gespenster nur wenig zu essen. Die Geister, die uns erscheinen, sehen aus diesem Grunde so aus, als hätten sie die Brigitte-Diät allzu ernst genommen. Will man diese Geister imitieren, sollte man sich an ihrem körperlichen Umfang orientieren, um sie auch wirklich davon zu überzeugen, dass wir ihresgleichen sind. Denn wie wir wissen, weichen sie nur dann von uns. Also: Auf zum fröhlichen Verkleiden!

Um die Voraussetzungen zu erfüllen, sollte man ein komplett schwarzes, enganliegendes Outfit tragen. Leggings und ein enges T-Shirt sind dafür hervorragend geeignet. Auf die Vorder- und Rückseite der Kleidung wird mit weißer Plakafarbe das menschliche Knochengerüst aufgemalt. Die Haare können unter einer schwarzen Badekappe versteckt werden.

Die Wiederkehr des großen Kürbis

Dekorationen für drinnen und draußen

Dem Anlass entsprechend sollten auch Haus und Hof gruselig dekoriert werden.

Einige Vorschläge werden in diesem Kapitel ausgeführt. Lassen Sie Ihrer Fantasie freien Lauf. Je gruseliger und schauriger, umso besser.

Damit auch die Vorbereitungen auf die „Nacht des Grauens" Spaß machen, sollte rechtzeitig damit begonnen werden. Wenn jeder aus dem Familien- oder Freundeskreis Ideen beisteuert und die Geisterstunden mitplant, kann nichts mehr schief gehen. Wird eine Party mit vielen Gästen gefeiert, empfiehlt sich die Gestaltung gruselig-schöner Einladungskarten.

Einladungskarte „Batman"

dickeres DIN A 4 Tonpapier in schwarz
normales weißes Papier für eine Schablone

Klebstoff und Schere
dicke, schwarze Filzstifte
silber- oder goldfarbener Gelschreiber

Das schwarze Tonpapier quer auf DIN A 5 Format halbieren.
Eine Schablone für eine Fledermaus herstellen (siehe Zeichnung) und pro Einladungskarte eine Fledermaus aus dem schwarzen Karton ausschneiden. Darauf achten, dass die Karte in einen normalen Briefumschlag passt. Auf den Bauch der Fledermaus mit dem gold- oder silberfarbenen Gelschreiber den Einladungstext schreiben oder den mit Computer geschriebenen Text aufkleben. Nun die Flügel der Fledermaus einklappen und in den mit der Adresse versehenen Briefumschlag stecken.

Einladungskarte „Kürbisgesicht"

dickeres DIN A 4 Tonpapier in schwarz und orange
normales weißes Papier für eine Schablone
Klebstoff und Schere
dicke, schwarze Filzstifte

Das schwarze Tonpapier quer auf DIN A 5 Format halbieren.
Eine Schablone für einen Kürbis mit Stiel zeichnen und ausschneiden. Für jede Einladungskarte einen Kürbis aus dem orangefarbenen Karton ausschneiden. Den Kürbisdeckel abschneiden. Nun das Unterteil des Kürbisses nur an den Außenrändern auf den schwarzen Karton kleben. Den Einladungstext auf kleinere, weiße Zettel schreiben und zwischen Kürbis und schwarzen Karton schieben. Nun den Kürbisdeckel lediglich am Stiel aufkleben. Der Deckel sollte einige Millimeter über das Unterteil ragen. Dann kann später der Empfänger der Einladung den Deckel hochheben und die schriftliche Botschaft entnehmen.

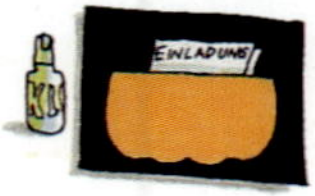

Jack O'Lantern - Die Kürbisleuchte

Schenkt man den alten Geschichten Glauben, dann müsste Jack O'Lantern der beste Türwächter aller Zeiten sein. Vorbeischwirrende Geister werden durch sein gruseliges Gesicht so erschreckt, dass sie davon Abstand nehmen, ungebeten ins Haus zu kommen und von den darin Lebenden Besitz zu ergreifen. Der Name Jack O'Lantern geht auf eine Legende zurück, die von einem Mann namens Jack berichtet, dessen Beruf Betrüger war und der sich in seiner Freizeit mit Hingabe dem Saufen widmete. Während einer Begegnung mit dem Teufel soll er ihn durch eine List dazu gebracht haben, auf einen Baum zu klettern. Als der Pferdefüßige die Baumwipfel erreicht hatte, schnitzte Jack ein Kreuz in die Rinde des Baumstamms, um so den Teufel zu bannen. Er beteuerte, den Bann erst dann wieder zu lösen, wenn der Teufel verspreche, ihn für den Rest seines Lebens in Ruhe zu lassen.

Als Jack Jahre später starb, verweigerten ihm die himmlischen Mächte den Zutritt ins Paradies. Auch der Teufel verschloss bei Jacks Ankunft die Höllenpforte. Er gab ihm lediglich einen kleinen Funken Licht, damit er sich in der Finsternis des großen Nichts zurechtfinden konnte. Diesen Funken schützte Jack, indem er ihn in eine ausgehöhlte Rübe steckte. Später – als der Brauch von Irland mit den Einwanderern nach Amerika kam – wurde aus der Rübe ein Kürbis. In der englischsprachigen Welt wird er in Erinnerung an Jack und zur Ermahnung der Lebenden Jack O'Lantern genannt.

einen oder mehrere Kürbisse in beliebiger Größe
schwarzer, dicker und wasserfester Filzstift
scharfes Messer mit langer Klinge
Teelicht
Vaseline

Den Deckel abschneiden und den Kürbis sauber aushöhlen. Etwa 2 cm Fleisch für bessere Stabilität stehen lassen. Das Fruchtfleisch zum Kochen aufbewahren (siehe Rezepte). Mit dem schwarzen Filzstift Augen, Nase, Mund aufmalen und mit dem Messer ausschneiden. Mit Küchenkrepp die Schnittkanten und das Innere des Kürbisses trocknen. Das Teelicht in die Mitte stellen und anzünden. Wenn der Deckel aufgesetzt werden soll, müssen mehrere Luftlöcher hinein gebohrt werden, damit die Kerze genügend Sauerstoff zum Brennen hat. Geistergesichtern geht es nicht besser als lebenden. Eine gute Fettcreme wirkt auch bei den Überirdischen Wunder. Sogar bei Kürbissen: Wenn mit der Zeit Jack O'Lanterns Gesicht beginnt, seine ursprüngliche Frische zu verlieren und den Weg alles Irdischen nehmen will, die Schnittränder mit Vaseline einreiben.

Eine gespenstische Girlande

Die Kürbis- bzw. Fledermausschablone von den Einladungskarten kann auch für eine hübsch-gespenstische Zimmergirlande verwendet werden.

mehrere Bogen DIN A 3 Papier in schwarz, orange oder weiß
Schere und Klebstoff
Bänder zum Aufhängen

Die Länge der Girlande festlegen. Entsprechend viele Bögen Papier längs aneinander kleben.

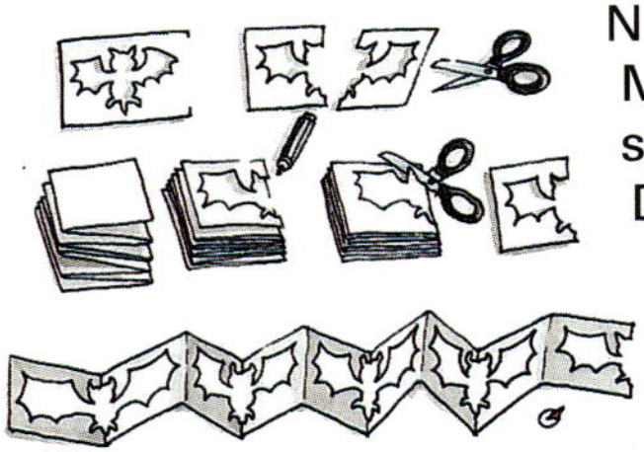

Nun die Schablone in der Breite abmessen. Dieses Maß halbieren und etwa 2 cm als Freiraum zwischen den jeweiligen Motiven hinzurechnen.
Das Papier wie eine Ziehharmonika falten. Auf das gefaltete Papier die Hälfte der Schablone auflegen und nachzeichnen. Das halbierte Motiv ausschneiden. Beim Auseinanderziehen entfaltet sich die ganze gespenstische Schönheit des Motivs.
Nun können alle an der Vorbereitung Beteiligten mit dem Verzieren und Ausmalen der weißen Flächen beginnen.

Der Geisterhimmel

Im Zimmer wird quer von der einen zur anderen Wand eine Wäscheleine gespannt. Daran werden später die kleinen Geister mit Wäscheklammern oder Bändern befestigt. Zum Abschluss der Party können die süßen Geister an die Gäste verteilt werden.

runde Lutscher
Küchentücher
Weiße, biegsame Clips (wie sie zum Verschließen von Pausenbroten verwendet werden)
schwarzer Filzstift

Einen Lutscher in die Mitte eines Küchentuchs legen. Das Tuch um den „Kopf“ straffen (aber nicht zu straff, um später noch die Wäscheklammer daran befestigen zu können) und am Stiel mit einem Clip befestigen. Für die Augen große, schwarze Punkte mit dem Filzstift malen. Nun mit einer Wäscheklammer an der Wäscheleine aufhängen. Diese kleinen, süßen Geister eignen sich auch als „Einladungskarten“ zur Party. Dafür einfach den Einladungstext in das Küchentuch legen und weiter wie oben beschrieben verfahren.

Damit der Himmel voller Gespenster – und ausnahmsweise nicht voller Geigen - hängt, können auch noch erwachsene Gespenster hinzugefügt werden:

weiße Luftballons
weiße Mülltüten
weiße Kordel oder Baumwollband
dicker, schwarzer Filzstift

Die Luftballons aufpusten und zubinden. Die Mülltüten darüber stülpen, unterhalb des Kopfes zubinden und ein gruseliges Gesicht auf den Kopf malen. Ebenfalls mit Wäscheklammern oder Fäden unter die Decke hängen.

Spinnen und Netze

Zu jeder stilechten Halloween-Dekoration gehören Spinnen. Wenn man weder echte Spinnen im Haus haben, noch im Spielwarenhandel Spinnen aus Gummi kaufen möchte, empfiehlt es sich, diese süßen Krabbeltierchen selbst herzustellen.

Styropor-Halbkugeln in unterschiedlichen Größen
Schwarze Pfeifenreiniger
Schwarze Plakafarbe
Klebstoff für Styropor
Puppenaugen

Die Styroporkugeln zunächst schwarz anmalen und gut trocknen lassen. Die Pfeifenreiniger auf die entsprechende Spinnenbeinlänge kürzen. In die Kugeln jeweils sechs Löcher bohren und die Beine ankleben. Die Puppenaugen aufkleben. Besonders hübsch sehen bewegliche Augen aus, die bei jedem Windhauch suchend im Zimmer umherblicken. Auch Spinnen brauchen ein Zuhause! Spinnweben lassen sich leicht aus kleingezupfter Watte herstellen.

Tischdekoration „Grün-bunter Kürbis"

Eine bereits an den Tagen vor Halloween festliche Stimmung ins Ess- oder Wohnzimmer zaubert ein Trockengesteck in einem Kürbis.

1 Kürbis
Frischblumensteckmasse
verschiedene große, grüne Blätter
andere Zweige, z.B. von Hagebutten oder Liguster
große, getrocknete Blüten, z.B. Hortensien
Zahnstocher

Mit einem scharfen Messer den Kürbisdeckel abtrennen. Das Fleisch und die Kerne vollständig entfernen. Die Steckmasse in die Mitte des Kürbisses setzen. Darin die verschiedenen Blätter, Zweige und Blüten so dekorieren, dass die Dekoration eine Hälfte des Kürbisses ausfüllt. Danach den ebenfalls vom Fleisch befreiten Deckel auf die nicht-dekorierte Hälfte setzen und mit den Zahnstochern befestigen.

Wem diese Dekoration zu ungruselig wirkt, kann Spinnen oder anderes Untier auf den Kürbis drapieren.

Die Fenster des Spukschlosses

Um Dämonen, Geister, Kobolde und andere Unwesen fernzuhalten, genügt es nicht, nur die Innenräume gespenstisch zu gestalten. Auch von draußen sollte weithin sichtbar sein, dass es sich nicht um ein Haus lebender Menschen handelt, sondern um ein Spukschloss. Mit Window Colours lassen sich schnell und einfach entsprechende Dekorationen herstellen, die ihre Signalwirkung nicht verfehlen werden. Hier einige Vorschläge:

Die eiskalte Hand des Grauens
Col-cannon
Höllisch scharfe Kürbissuppe
Kürbis-Chips
brot
Kürbis-Avocado-Salat
Überraschungs
Ekel-Punsch
Blut-Pudding
Jack's Pumpkin Pancakes
Draculas Zitter-Pudding

Aus Teufels Küche - Halloween Fun Food

Essen und Trinken rund um den Kürbis

So manche Hobbyköchin, so mancher Hausmann fragt sich angesichts der vielen ausgehöhlten Kürbisse, die in diesen düsteren Tagen zu Lampen und Laternen verarbeitet werden: Wohin mit all dem Kürbisfleisch?
Es muss nichts weggeworfen werden, was gut und köstlich ist.
Aus Kürbissen lassen sich wunderbare Gerichte zaubern, die leicht bekömmlich, gesund und wohlschmeckend sind. Sogar die Kerne der Kürbisse sind verwertbar. Sie müssen nur gut abgespült und, möglichst auf einem Sieb ausgebreitet, an der Luft getrocknet werden.

Überraschungsbrot

In diesem süßen Brot ist ein goldener Ring versteckt. Wer diesen Ring in seiner Portion findet, wird – so will es die Überlieferung – im kommenden Jahr heiraten.
Wer allerdings nicht heiraten möchte oder einfach noch zu jung für ein solches Abenteuer ist, dem ist zumindest großes Glück sicher.

500 g Mehl
1 Würfel Hefe
5 EL Zucker
$^1/_4$ l Milch
100 g zimmerwarme Butter
4 Eier
6 EL Sonnenblumenöl
250 g Rosinen
1 TL Zimt
1 goldener Ring

Die Hefe zerbröseln und mit dem Zucker zu einem Teigansatz rühren.
Die Milch erwärmen, 5 EL zum Teigansatz geben und verrühren. Nun 4–5 EL Mehl dazurühren und gehen lassen, bis sich der Ansatz verdoppelt hat.
Dann den Rest der lauwarmen Milch zufügen.

Nun den restlichen Zucker, die Eier, Salz, Zimt, Mehl, Öl und die gewaschenen, abgetropften Rosinen zugeben und mit einem Holzlöffel unterschlagen, bis der Teig Blasen bildet.
An einem warmen Ort weitere 30 Minuten gehen lassen.
Zu einem Brotlaib formen, den goldenen Ring darin verstecken und etwa 30 Minuten bei 200 Grad backen. Nach Belieben mit in Zitronensaft aufgelöstem Puderzucker bestreichen.

Höllisch scharfe Kürbissuppe

Es gibt Stimmen, die behaupten, Hexen, Dämonen und Vampire ließen sich nicht nur mit Knoblauch, sondern auch mit anderen scharfen Speisen in die Flucht schlagen. Diese feurige Kürbissuppe ist bestens geeignet, alle bösen Geister zu vertreiben! Weshalb sie sich auch hervorragend als Mitternachtssuppe eignet. Sollten jedoch keine Geister anwesend sein, vertreibt sie zumindest den späten Hunger der Partygäste.

1 kg Kürbisfleisch
500 ml Hühnerbrühe
500 ml Milch
Salz
Pfeffer aus der Mühle
Zucker
150 ml Crème fraîche
1 Tube Harissa (scharfe Gewürzmischung)

Das Kürbisfleisch von Kernen und Fasern befreien. In etwa 3 cm große Würfel schneiden.
Milch und Hühnerbrühe in einem großen Topf erhitzen, die Kürbiswürfel hinzugeben und etwa 15 Minuten weich kochen lassen.

Leicht abkühlen lassen und mit einem Zauberstab oder in der Küchenmaschine pürieren. Mit Salz, Pfeffer und Zucker abschmecken. In vorgewärmte Suppenteller geben, mit einem Klecks Crème fraîche verzieren. Je nach Geschmack und Bösartigkeit der zu erwartenden Geister die benötigte Menge Harissa unter die Suppe mischen.

Colcannon

Colcannon ist eine typisch amerikanische Halloween-Suppe. Mit ihr beginnt dort häufig das abendliche Festmahl.

500 g Kartoffeln
500 g Weißkohl
1 Stange Lauch
2 EL Öl
100 ml Milch
100 ml Sahne
Salz, Pfeffer
Geriebene Muskatnuss

Die Kohlblätter waschen, die harten Mittelrippen entfernen und in Rauten schneiden. In kochendem Salzwasser weich kochen.
Die Kartoffel waschen, schälen und in Würfel schneiden. Ebenfalls in Salzwasser in einem separaten Topf weich kochen.
Den Lauch putzen und in Ringe schneiden. In heißem Öl andünsten, mit der Sahne-Milch-Mischung aufgießen und etwa 10 Minuten garen lassen.
Danach die Kartoffel durch die Presse drücken, würzen und mit der Lauch-Milch-Mischung mischen.
Den Kohl hinzufügen und auf kleiner Flamme weiterziehen lassen. Gelegentlich umrühren, bis die Suppe eine ansprechende hellgrüne Farbe angenommen hat.

Kürbis-Avocado-Salat

Ähnlich dämonenvertreibend wie die Kürbissuppe kann auch dieser Salat wirken. Der Glaube an seine Zauberkräfte erhöht seine Wirkung enorm.

500 g Kürbisfleisch
1 Avocado
1 TL Zitronensaft
250 g Cocktailtomaten

Dressing:
2 EL Olivenöl
1 EL Balsamico
½ TL Salz
frisch gemahlener Pfeffer
½ TL Zucker
2 Frühlingszwiebeln
1 feingehackte Chilischote
1 TL Chilisauce
1 TL fein gehackte Korianderblättchen

Das von Kernen und Fäden gesäuberte Kürbisfleisch in etwa 1 cm dicke Streifen schneiden. In kochendem, leicht gesalzenem Wasser etwa 10 Minuten garen. Die Kürbisstreifen sollten noch „Biss“ haben. In einem Sieb abtropfen lassen.

Die Avocado halbieren, entkernen, enthäuten und ebenfalls in Streifen schneiden. Sofort mit Zitronensaft beträufeln.
Die Tomaten waschen, halbieren und den grünen Strunk herausschneiden.
Die Zutaten für das Dressing in ein Schraubdeckelglas geben und gut durchschütteln. Kürbis- und Avocadostreifen in eine Schüssel geben. Kurz vor dem Servieren das Dressing dazugeben und mit zarter Hand mischen.
Mit einigen Korianderblättchen dekorieren.

Jack's Pumpkin Pancakes

Möglicherweise hat auch der gute alte Jack, nach dem die Kürbislaternen benannt wurden, diese Pfannkuchen geliebt. Sicher ist, dass die meisten Kinder Pfannkuchen lieben.

300 g Kürbisfleisch
300 g Kartoffeln
1 feingehackte Zwiebel
2 Eier
100 g Mehl
40 g Butter oder Margarine
2 Msp. Backpulver
Salz
Pfeffer
Öl zum Ausbacken

Die Kartoffeln waschen und schälen. Zusammen mit dem Kürbisfleisch in siedendem Wasser weich kochen. Das Wasser abgießen. Kartoffel und Kürbisfleisch durch eine Kartoffelpresse in eine Porzellanschüssel drücken. Die gehackte Zwiebel und die verquirlten Eier zugeben. Das Mehl mit dem Backpulver vermischen und zusammen mit Salz, Pfeffer und Butter in kleinen Flöckchen zugeben. Alles gut vermengen. Das Öl in der Pfanne heiß werden lassen, den Teig portionsweise zugeben und von jeder Seite goldgelb bräunen lassen. Dazu passt ein bunt gemischter Salat.

Kürbis-Chips

Ein super einfaches und schnelles Gericht, das Kinder und Erwachsene gleichermaßen begeistert. Kürbisfleisch in chipsdicke Scheiben schneiden. Öl in der Friteuse oder in einer tiefen Pfanne erhitzen. Die Kürbisscheiben darin schwimmend knusprig ausbacken. Dazu können verschiedene Dips gereicht werden.

Draculas Zitterpudding

Das Dessert für Fortgeschrittene. Dieser Zitterpudding könnte nämlich von einer Vampirgroßmutter gemacht worden sein. Leider hat sie bei der Zubereitung etwas verloren...

1 Päckchen roter Wackelpudding
4 Marshmellow-Vampirgebisse

Den Wackelpudding nach der Anleitung auf der Packung zubereiten und leicht abkühlen lassen. Hohe Gläser kalt ausspülen und jeweils zur Hälfte mit Pudding füllen. Dann vorsichtig ein Gebiss in jedes Glas legen und mit dem restlichen Pudding auffüllen.
Am gruseligsten wirkt Draculas Zitterpudding, wenn er nach dem Erkalten auf Teller gestürzt wird und mit zittrigen Händen bei Kerzenschein serviert wird.

Blut-Pudding

Eine Nachspeise für ganz Hartgesottene, die sich vom süßen Genuss durch nichts abhalten lassen. Auch nicht durch den Gedanken, dass dieser Pudding möglicherweise von einer Vampirmutter zubereitet wurde.

1 Päckchen Vanillepuddingpulver
$^1/_2$ l Milch
5 EL Johannisbeergelee
3 EL Johannisbeersaft

Den Vanillepudding nach Packungsanweisung zubereiten und etwas abkühlen lassen.
In der Zwischenzeit das Gelee mit dem Saft zu einer dickflüssigen Masse verrühren.
Den Pudding in Portionsgläser füllen. Dabei schichtweise „Blutkleckse“ hinzugeben. Nach dem Erkalten den Pudding auf Teller stürzen und mit ein paar weiteren roten Klecksen verschönern.

Die eiskalte Hand des Grauens

Nichts für Ängstliche ist dieser Vorschlag für ein hübsch gruseliges Party-Getränk.
Oder sieht es etwa nicht schaurig-schön aus, wenn in einer Orangensaftbowle rote Eishände schwimmen? Mit Fruchtstückchen angereichert, wird ein richtiger Hexenkessel daraus.

1 Flasche Fruchtsaft
(Johannisbeer- oder Traubensaft)
dünne Latex-Gummihandschuhe aus der Apotheke

Die Gummihandschuhe gut auswaschen und mit Fruchtsaft füllen. Jeden Handschuh wie einen Luftballon zuknoten und mehrere Stunden ins Eisfach legen.
Die Gummihaut aufschneiden und die eiskalte Hand entnehmen.

Hexenbräu

Orangensaft
grüne Lebensmittelfarbe

Den Orangensaft in eine Bowlenschüssel füllen. Einige Tropfen Lebensmittelfarbe hinzufügen, bis der Punsch eine richtig eklige Farbe annimmt.
Wer den Punsch besonders abstoßend anbieten möchte, kann Eiswürfel aus Johannisbeer- oder Traubensaft hinzufügen, die sich nach und nach auflösen und „blutige“ Spuren im Glas hinterlassen.

Bis die Knochen klappern

Ideen für Spiele und Aktionen

Natürlich ist der Höhepunkt des Festes für die Kinder die nächtliche Sammelaktion, auf Neudeutsch „Trick or Treat“ genannt. Dieser beliebte Brauch bedeutet frei übersetzt etwa: „Leckereien oder Leiden“.
Bis dahin bleibt allerdings Zeit, ein paar Spiele und Aktionen in der großen Runde zu machen. So wird die Wartezeit verkürzt und man kann sich zudem auf die Ankunft der Geister und Knochengerüste vorbereiten.

„Trick or Treat"

Die verkleideten Kinder ziehen von Haus zu Haus und „erbitten" eine milde Gabe in Form von Süßigkeiten. Erhalten sie keine, wird den Hausherren ein böser Streich gespielt.
Vermutlich gründet dieser Brauch nicht in den keltischen Sitten der vorchristlichen Zeit, sondern entstand im 9./10. Jahrhundert im Zusammenhang mit dem Feiertag Allerseelen.
Christen wanderten damals von Ort zu Ort, klopften an jede Tür und baten um „Seelenkuchen", der aus Mehl, Wasser und Johannisbeeren bestand. Im Gegenzug für diese Gabe versprachen sie, Gebete für die verstorbenen Verwandten der Spender zu sprechen. Man glaubte, dass diese Gebete den verstorbenen Seelen den Weg in den Himmel ebnen würden.

In den letzten Jahren hat sich „Trick or Treat" auch bei uns zu einer ertragreichen Sammelaktion für Kinder entwickelt. Besondere Spielregeln gibt es für dieses Spiel nicht. Befragte Kinder berichten jedoch, dass bei besonders schönen und gruseligen Kostümen die Hausherren und -damen weitaus großzügiger seien, als wenn mit halbherziger Verkleidung angeklopft würde. Sehr gut kommt es an, wenn die umherziehenden Geister unisono ein schauderhaftes Gedicht zum Besten geben, bevor sie den mitgebrachten Gabensack öffnen. Scheuen Sie sich also nicht, für diesen Anlass auf Ihr dichterisches Talent zurückzugreifen. Helfen Sie Ihren Kindern, bei ihren Deklamationen nicht nur schauderlich, sondern auch ein wenig charmant zu wirken. Ein Vorschlag zu Ihrer Inspiration:

Wir sind die kleinen Geister.
Uns schickt der große Meister,
der Herrscher aus dem Totenreich.
Wen wundert's, dass wir sind so bleich.

Wir bitten Sie um milde Gaben,
damit wir können uns dran laben
auf unsrer langen Reise durch die Nacht,
bevor der Sarg wird zugemacht.

Wir nehmen gerne alles an:
Bonbons und Schokolade,
Kakao und Limonade,
Münzen, Scheine oder Scheck.
Wenn es nur dient dem guten
Zweck!

Der Kopflose

Dieses arme Gespenst hat seinen Kopf verloren. Ihm kann jedoch geholfen und der Weg durch das Knochenlabyrinth gezeigt werden.

Das Spiel kann natürlich auch kopiert werden, um es in der großen Festrunde gemeinsam zu spielen. Wer als erster das Gespenst zum Kopf bringt, hat gewonnen.

Die Monstermaler

Ein DIN A 4 Blatt längs auf den Tisch legen und wie eine Ziehharmonika viermal quer falten. Der erste Spieler malt unbeobachtet von den anderen Mitspielern einen möglichst grauenhaften Monsterkopf mit Hals, der wenige Millimeter über die erste Falzkante reicht. Er klappt den Kopf nach hinten um und reicht das Blatt seinem Nachbarn zur Rechten weiter.
Der zweite Spieler malt – natürlich ohne zu wissen, wie der Kopf des Monsters aussieht - den Oberkörper bis etwa in Höhe des Bauchnabels. Er verlängert den Taillenansatz wiederum um wenige Millimeter über die Falzlinie und klappt das Blatt nach hinten um, damit auch der nächste Spieler nur den Ansatz zum Weitermalen sehen kann.
Der dritte Spieler malt den Unterkörper und verfährt weiter wie die ersten beiden Spieler.
Der vierte Spieler setzt die Beine und Füße an.
Wenn der vierte Spieler fertig ist, wird das Blatt entfaltet, und das Monster in seiner vollen Schönheit bewundert.
Es können beliebig viele Monsterzeichnungen gefertigt werden. Am Ende des Spieles wird die schönste Kreation von allen Mitspielern prämiert.

Mitten ins Gesicht

Jeder Spieler erhält ein Blatt, auf dem die äußere Kontur eines Kürbisses aufgemalt ist. Nun werden dem ersten Spieler die Augen verbunden und er wird dreimal um seine eigene Achse gedreht. Dann erhält er einen Stift und muss ein möglichst schreckliches Gesicht in den Kürbis malen. Da der Spieler durch das Drehen seine Orientierung verloren hat, helfen ihm seine Mitspieler mit entsprechenden Anweisungen. Zum Beispiel: „Weiter nach rechts, nach oben, nach unten etc.“
Es wäre aber kein Halloween-Spiel, wenn es nicht ein wenig gemein wäre. So ist es allen Mitspielern erlaubt, jede beliebige Richtung anzusagen, ob sie nun stimmt oder nicht. Der malende Spieler darf so richtig durcheinander gebracht werden.
Alle Kürbisgesichter werden gesammelt. Gewonnen hat derjenige, der das gruseligste Gesicht gemalt hat und mit seinen gemalten Augen, Nase, Mund und Zähnen innerhalb der Kontur geblieben ist. Und das ist schwieriger, als man zunächst denken mag ...

Die wandernde Orange

Auf zwei Orangen wird jeweils ein Monstergesicht mit Augen, Nase und Mund aufgemalt. Dann werden vorsichtig mit einem scharfen Messer die Konturen ausgeschnitten, bis das Fruchtfleisch zu sehen ist. Nun teilen sich die Spieler in zwei Teams, die sich gegenüber in zwei Reihen aufstellen. Der jeweils erste in der Riege beginnt und klemmt sich – entsprechend vorsichtig – die Orange unter sein Kinn. Dann versucht er, die Orange an seinen Mitspieler weiterzugeben. Die Hände dürfen selbstverständlich nicht benutzt werden. Der nächste Spieler nimmt die Orange, ebenfalls ohne Zuhilfenahme der Hände, unter sein Kinn und gibt sie an den nächsten in der Reihe weiter. Fällt die Orange zu Boden, muss wieder von vorne begonnen werden. Gewonnen hat das Team, das als erstes die Orange bis zum letzten Spieler durchgereicht hat, ohne dass Hände im Spiel gewesen wären.

Süße Henkersmahlzeit

Die Spieler teilen sich wieder in zwei Gruppen auf. Alle setzen sich an einen großen Tisch, die Teams bleiben zusammen an jeweils einer Längsseite des Tisches. Jedes Team erhält soviel Gummifledermäuse oder Lakritzschnecken, wie Teilnehmer in der Gruppe sind. Jeder Spieler bekommt außerdem einen Trinkhalm. Die Hände werden auf den Rücken gelegt und dürfen während des Spiels nicht benutzt werden. Die Süßigkeiten werden vor den ersten Spieler gelegt, der auf das gemeinsame Startkommando hin beginnt, mit dem Strohhalm das erste süße Teil aufzusaugen und an seinen Nachbarn weiterzugeben. Dieser übernimmt so schnell wie möglich und gibt es an den nächsten weiter. Wenn alle Teile beim letzten Spieler in der Runde angelangt sind, ruft dieser laut: „Henkersmahlzeit“, um sein Team als Sieger zu präsentieren.

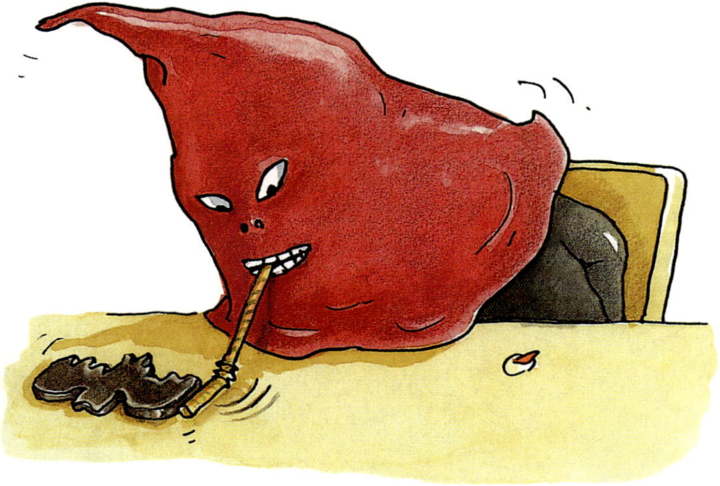

Oma Dracula sucht ihr Gebiss

Für dieses Spiel wird Draculas Zitterpudding von S. 43 benötigt. Jeder Mitspieler erhält einen Teller mit dem gestürzten Zitterpuddingberg, in dem ein Gebiss versteckt ist. Die Hände hinter dem Rücken verschränkt, müssen sich alle Spieler auf das Startsignal hin vorsichtig durch den Zitterpudding essen, ohne das Gebiss zu beschädigen. Das Spiel hat gewonnen, wer als erster das Marshmellow-Gebiss richtig herum im Mund trägt und ruft: *„Sitzt, wackelt und hat Luft!“*

Von denen, die auszogen, das Fürchten zu lernen

Wir möchten Sie einladen, einem alten Brauch zu folgen und sich in der Dunkelheit rund um ein Lagerfeuer zu versammeln. Im Schein des lodernden Feuers werden schon seit Alters her jede Menge Gruselgeschichten erzählt. Wer als erster eine Gänsehaut bekommt oder vor Schreck die Flucht ergreift hat verloren! Betrachten Sie die nachfolgenden gruseligen Kurzgeschichten, deren Ende selbst ersonnen werden muss, als Vorschläge. Wenn die Gästerunde sich mit dem Thema „angewärmt“ hat, können beliebig viele Geschichten selbst erfunden werden. Je schauerlicher, umso besser.

Das Erbe des Duke of Ketchup

Mary war mehr als aufgeregt, als sie in der Kutsche saß, die sie zum Schloss bringen sollte. Alles war so schnell gegangen. Erst vor einer Woche hatte sie den Brief des Testamentsverwalters bekommen, in dem ihr mitgeteilt wurde, dass ihr Großonkel, der alte Duke of Ketchup, gestorben sei und sie als Alleinerbin eingesetzt habe. Die Zeit war viel zu kurz, um sich bereits einen Überblick über das Vermögen des Duke zu verschaffen. Das einzige, was Mary sicher wusste, war, dass sie das Schloss derer von Ketchup geerbt hatte. Ihre Freude mehrte sich, je näher sie dem Schloss kam. Verband sie doch sonnige Kindheitserinnerungen mit diesem alten Gemäuer. Dass die Pferde unruhig waren, schob Mary auf den seltsamen Nebel, der das Anwesen einhüllte. Jäh wurde Mary aus ihren Gedanken gerissen, als der Kutscher scharf bremste. Er holte eilig Marys Gepäck, half ihr beim Aussteigen und setzte sich schnell wieder auf den Kutschbock, um fluchtartig diesen Ort zu verlassen. Nicht einmal das Trinkgeld hatte er annehmen wollen. Mary näherte sich dem großen, schweren Eichentor. Plötzlich ...

Der schlaflose Jack

In einer dunklen und stürmischen Vollmondnacht wurde Jack durch das Klappern des Fensterladens geweckt. Das Fenster seines Schlafzimmers stand sperrangelweit offen. Zunächst wunderte er sich nicht darüber und rieb sich die müden Augen, die sich lieber nicht geöffnet und statt dessen einen sehr angenehmen Traum weiterverfolgt hätten. Schlaftrunken stand er auf, stieg in seine wärmenden Hausschuhe und schlurfte zum Fenster, um es wieder zu schließen. Erst als seine Hand den kalten Fenstergriff berührte, fuhr ihm ein Schrecken in die Glieder. Blitzartig war er wach. Er hatte doch das Fenster fest verschlossen, bevor er zu Bett ging. Jack wurde es gleichzeitig heiß und kalt. Er spürte, dass ihn hundert Augenpaare anstarrten. Zitternd drehte er sich langsam um ...

Der Club der Mutigen und Unerschrockenen

Wie jeden Samstag trafen sich auch an diesem Novembertag die Kinder der Neubausiedlung, um in ihrem Clubhaus eine Vereinssitzung abzuhalten. Vor etwas mehr als einem Jahr hatten sie sich zusammengetan, um den „Club der Mutigen und Unerschrockenen“ zu gründen. Als Clubhaus diente die alte Hütte im Garten von Lauras Großvater. Heute stand nur ein Punkt auf der Tagesordnung: Die Mutprobe von Max.

Max war erst vor wenigen Wochen mit seinen Eltern in die Neubausiedlung gezogen. Er hatte schnell Anschluss an die Kinder des Clubs gefunden und wollte nun als gleichberechtigtes Mitglied aufgenommen werden. Und dafür musste er natürlich seinen Mut unter Beweis stellen. Kevin, der Mutprobenbeauftragte, hatte sich etwas Besonderes für Max ausgedacht. Er sollte eine Stunde im Haus der „Professorin“ verbringen, ohne von ihr entdeckt zu werden. Die Professorin sah eigentlich eher wie eine alte Hexe aus und nicht wie eine Wissenschaftlerin. Den Namen hatten ihr die Kinder gegeben, nachdem Lauras Großvater einmal erzählt hatte, dass die Alte früher eine angesehene Medizinerin gewesen war. Ihre Laufbahn endete jäh an dem Tag, als ihre Kollegen das ansonsten verschlossene Labor der Professorin in Augenschein nahmen.

Max war nicht ganz wohl, als er der Geschichte der Kinder lauschte und von seiner Aufgabe erfuhr. Aber er wollte unbedingt in den Club aufgenommen werden. Also gab er sich einen Ruck und machte sich auf den Weg in das halbverfallene Haus der Professorin ...

Der Geschichtenhut

Sollte es in der letzten Oktobernacht draußen doch zu kalt werden, kann das Geschichtenerzählen auch im Haus fortgesetzt werden. Eine andere Variante des gemeinsamen Erzählens ist „Der Geschichtenhut".
Dafür werden auf kleine Zettel Begriffe geschrieben, die mit Halloween in Verbindung stehen. Hier eine kleine Auswahl:

Skelett	*Hexe*	*Vampir*
Kürbis	*Hexenkessel*	*Fledermaus*
Teufel	*Skelett*	*Spinne*
Dämonen	*Dracula*	*Kobold*
Tod	*Das Grauen*	*Geisterschloss*
Schrecken	*Eiseskälte*	*Nacht*
Monster	*Henker*	*rasselnde Ketten*

Die Zettel werden gefaltet, in einen Hut geworfen und gut durchgemischt. Die Gäste setzen sich in einen Kreis. Der erste nimmt sich einen Zettel und fängt an zu erzählen. Das Wort, das er gezogen hat, muss natürlich darin vorkommen. Nach drei bis fünf Sätzen gibt er den Hut an seinen Nachbarn zur Linken weiter. Dieser zieht ebenfalls einen Zettel und setzt die Geschichte des vorherigen Erzählers fort. Auch das Wort, das er gezogen hat, muss in seiner Erzählung vorkommen. Je länger das Spiel dauert, umso schwieriger wird die Fortsetzung. Der letzte Erzähler muss einen tollen Schluss finden. So entstehen wunderbar schaurige Fortsetzungsgeschichten, die für die nötige Halloween-Stimmung sorgen. Sollten kleinere Kinder mitspielen, können sie sich einen Erwachsenen aus der

Runde aussuchen,
der ihnen beim
Erzählen hilft und,
wenn erforderlich,
die Hand hält.

Die Weissagungen des Samhain

Es wird vermutet, dass Halloween ursprünglich dem Todesfürsten Samhain geweiht war, der von den keltischen Druiden göttergleich verehrt wurde. Die Druiden waren es wohl auch, die diese Nacht als günstig für das Befragen des Orakels erachteten. Es könnte sogar sein, dass Samhain gar nicht so böse war, wie er manchmal dargestellt wird.
Wir finden deshalb, dass dieser alte Brauch nicht verloren gehen sollte, und haben in Anlehnung an die keltischen Weissagungen ein lustiges, sinnreiches und spannendes Orakelspiel für die ganze Familie beigefügt.

Zunächst errechnet jeder die Quersumme seines Geburtstages und –monats. Wer zum Beispiel am 29.10. geboren ist, rechnet: 2 + 9 + 1 + 0 = 12. Da die erste Ergebniszahl einstellig sein muss, wird weitergerechnet:
1 + 2 = 3.
Dann wird die Quersumme des aktuellen Jahres berechnet. Wenn zum Beispiel im Jahr 2000 gespielt wird, rechnet man: 2 + 0 + 0 + 0 = 2. Dann werden die beiden Ziffern addiert: 3 + 2 = 5. Damit hat das Orakel gesprochen und es kann nachgelesen werden, was das kommende, keltische Jahr, beginnend am 1. November, dem Fragesteller bescheren wird.

1

Das kommende Jahr bringt einen neuen Anfang. Entweder in Form von neuen Bekanntschaften, neuen Unternehmungen oder neuen Ideen. Auch gesteigerte Einnahmen in Form von Gehalt oder Taschengeld sind angezeigt. Du bekommst Gelegenheit, einen Streit zu schlichten, und wirst dadurch in deinem Umfeld dicke Pluspunkte sammeln. Außerdem werden alle Dinge, die du mit deinen Händen erschaffst, gelingen.

2

Ein gutes Jahr, um mit anderen Menschen gemeinsame Pläne und Unternehmungen zu starten. Dazu wirst du deine Fähigkeit, anderen gut zuhören zu können, weiter ausbauen. Auch dein Talent, vor anderen zu sprechen, sei es in der Schule oder im Beruf, wird gefragt sein.
Scheue dich nicht, neue Erfahrungen zu machen. Die Gelegenheiten werden vielfältig auf dich zukommen. Nutze sie.

3

Das Jahr ist günstig, um sich in Gruppen zu engagieren. Dies kann deine Familie sein, ein Team oder ein Sportverein. In jedem Fall werden unterschiedliche Möglichkeiten, innerhalb dieser Gruppen deine wahren Fähigkeiten zu zeigen, auf dich zukommen. Du wirst Einladungen zu Festen und Parties erhalten, zu denen du jeweils deinen Teil beitragen wirst. Bei all den Aktivitäten, an denen du beteiligt bist, sollest du deine eigene Erholung nicht zu kurz kommen lassen.

4
Es wird eine Zeit anbrechen, in der du deine Zukunft planen solltest. Es lohnt sich, gleich zu Beginn verschiedene Aufräumaktionen zu starten. In deinem Zimmer, im Keller, auf dem Dachboden. Oder in dir selbst, indem du schlechte Erinnerungen an die Vergangenheit loslässt. Es ist außerdem Zeit, sich neue Kleider und Schuhe anzuschaffen, mit denen du in deine glücksverheißende Zukunft gehen kannst. Gönne dir hin und wieder etwas Gutes.

5
Lass dich im kommenden Jahr nicht in einen Streit verwickeln, mit dem du im Grunde nichts zu tun hast. Im Gegenteil: Du kannst alte Feindschaften beenden, um frischen Wind in dein Leben wehen zu lassen. Nimm dir genügend Zeit für Bewegung und Aktivitäten an der frischen Luft. Auch das Lesen interessanter und amüsanter Bücher wird dir viel Spaß bereiten.

6
Glück und Zufriedenheit werden im nun anbrechenden Jahr an deine Tür klopfen. Höre also gut hin, damit du ihnen die Tür öffnen kannst. Die Freude daran solltest du mit anderen teilen. Mit deiner Familie, mit Freunden, mit Nachbarn, Kollegen oder Mitschülern. Es könnte auch sein, dass du dich verlieben oder heiraten wirst. In jedem Fall werden sich auch deine bestehenden Freundschaften festigen.

7

Du solltest deine künstlerischen Talente pflegen. Das kannst du alleine tun oder dich einer Gruppe anschließen, die sich mit deinem Interessensgebiet befasst. Solltest du in den letzten Jahren zuviel Gewicht zugelegt haben, ist nun eine gute Gelegenheit, es wieder loszuwerden. Es wird dir nie wieder so leicht fallen wie im kommenden Jahr. Wenn du wichtige Fragen klären willst, berate dich mit deinen Freunden. Ihre Hilfsbereitschaft ist sprichwörtlich.

8

In diesem Jahr kannst du dir verschiedene Wünsche erfüllen. Dein innerer und äußerer Reichtum wird sich mehren, denn das Glück ist auf deiner Seite. Du solltest es allerdings nicht verärgern, indem du, ähnlich wie im Märchen vom Fischer und seiner Frau, immer mehr verlangst. Schaue auch zurück und sieh, was du bereits erreicht hast. Besuche Freunde oder entfernte Verwandte, die du länger nicht gesehen hast. Die Wiedersehensfreude wird groß sein.

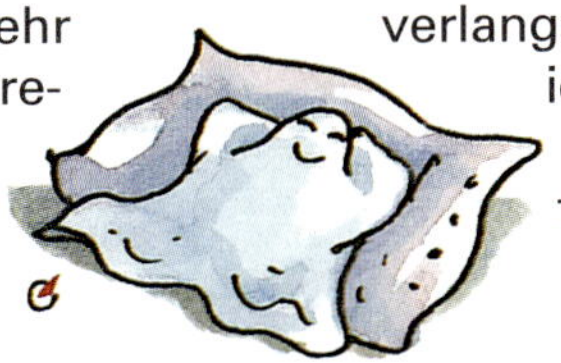

9

In diesem Jahr wirst du die Gelegenheit haben, alte Fehler wieder gut zu machen. Sei ehrlich zu dir selbst und bereinige alte Dinge, wie beispielsweise nicht eingelöste Versprechungen. Bedanke dich bei denen, die dir in den letzten Jahren geholfen haben, und vertraue darauf, dass Hilfe auch künftig immer da sein wird, wenn du sie brauchst. Dann ist der Weg frei, um sinnvollen Beschäftigungen nachzugehen, die nicht nur dir, sondern auch anderen Spaß machen werden.